Eleven Aunts At The Table: Short Stories for Italian Language Learners

Artici Bilingual Books

Published by Artici Bilingual Books, 2024.

ELEVEN AUNTS AT THE TABLE: SHORT STORIES FOR ITALIAN LANGUAGE LEARNERS

First edition. March 2, 2024.

ISBN: 979-8224174553

Written by Artici Bilingual Books.

Table of Contents

Il Mistero dei Sapori Perduti

Nella pittoresca città di Napoli, con le sue strade strette e il profumo di basilico nell'aria, c'era una trattoria nascosta tra gli edifici colorati e le strade acciottolate. Questa trattoria, conosciuta solo da pochi fortunati, era nota per i suoi piatti deliziosi e il suo ambiente accogliente. Ma dietro la facciata ordinaria della trattoria si nascondeva un segreto intrigante che avrebbe cambiato le vite di coloro che vi entravano.

Il proprietario della trattoria, un uomo gentile di nome Giovanni, era noto per la sua abilità culinaria e il suo amore per la tradizione gastronomica napoletana. Ogni giorno, si alzava all'alba per selezionare personalmente gli ingredienti più freschi dai mercati locali e preparare con cura i piatti della sua trattoria, seguendo antiche ricette tramandate di generazione in generazione.

Un giorno, mentre Giovanni si trovava nella cucina della sua trattoria, preparando con cura la salsa segreta per il suo famoso piatto di pasta, notò qualcosa di strano. Un ingrediente chiave mancava nella sua dispensa: il basilico fresco, che era essenziale per dare quel tocco finale ai suoi piatti.

Perplesso, Giovanni si recò al mercato locale per acquistare il basilico fresco, ma rimase sorpreso nel scoprire che anche lì il basilico era scomparso. Chiese in giro, ma nessuno sembrava sapere cosa fosse successo al prezioso erba aromatica.

Deciso a risolvere il mistero della scomparsa del basilico, Giovanni decise di fare un'indagine segreta per scoprire la verità. Con l'aiuto del suo fedele amico Enzo, un pescatore locale con una rete di conoscenze in tutta la città, iniziò a seguire indizi e piste che lo avrebbero portato al cuore del mistero.

Le loro indagini li condussero in luoghi insoliti e inaspettati, tra vicoli bui e caffè rumorosi, mentre cercavano di svelare il mistero della scomparsa del basilico. Lungo il cammino, fecero incontri strani e sorprendenti, tra personaggi colorati e segreti nascosti, che li aiutarono a dipanare i fili del caso sempre più intricato.

Infine, dopo giorni di ricerca febbrile e notti senza sonno, Giovanni e Enzo fecero una scoperta sconvolgente che li condusse al cuore del mistero. Scoprirono che dietro la scomparsa del basilico c'era una banda di ladri che cercava di sabotare la trattoria di Giovanni per motivi sconosciuti.

Con coraggio e determinazione, Giovanni e Enzo affrontarono i ladri e riuscirono a recuperare il basilico rubato, salvando così la reputazione della trattoria e garantendo che i loro clienti potessero continuare a gustare i piatti deliziosi che amavano.

E così, mentre il sole tramontava all'orizzonte e la città di Napoli si preparava per la notte, Giovanni e Enzo tornarono trionfanti alla trattoria, consapevoli che il vero segreto della loro trattoria non risiedeva solo nei piatti gustosi, ma anche nella forza della loro amicizia e determinazione nel fronteggiare qualsiasi sfida che il destino avesse loro riservato.

The Mystery of the Lost Flavors

In the picturesque city of Naples, with its narrow streets and the scent of basil in the air, there was a trattoria hidden among the colorful buildings and cobblestone streets. This trattoria, known only to a few lucky ones, was famous for its delicious dishes and its cozy atmosphere. But behind the ordinary facade of the trattoria lurked an intriguing secret that would change the lives of those who entered.

The owner of the trattoria, a kind man named Giovanni, was known for his culinary skills and his love for Neapolitan gastronomic tradition. Every day, he would rise at dawn to personally select the freshest ingredients from the local markets and carefully prepare the dishes of his trattoria, following ancient recipes passed down from generation to generation.

One day, while Giovanni was in the kitchen of his trattoria, carefully preparing the secret sauce for his famous pasta dish, he noticed something strange. A key ingredient was missing from his pantry: fresh basil, which was essential to give that final touch to his dishes.

Perplexed, Giovanni went to the local market to buy fresh basil, but he was surprised to find out that the basil was also missing there. He asked around, but no one seemed to know what had happened to the precious herb.

Determined to solve the mystery of the missing basil, Giovanni decided to conduct a secret investigation to uncover the truth. With the help of his faithful friend Enzo, a local fisherman with a network of contacts throughout the city, he began to follow clues and leads that would lead him to the heart of the mystery.

Their investigations led them to unusual and unexpected places, through dark alleys and noisy cafes, as they sought to unravel the mystery of the missing basil. Along the way, they encountered strange and surprising characters, colorful characters and hidden secrets, which helped them unravel the threads of the increasingly intricate case.

Finally, after days of feverish searching and sleepless nights, Giovanni and Enzo made a shocking discovery that led them to the heart of the mystery. They discovered that behind the disappearance of the basil was a gang of thieves trying to sabotage Giovanni's trattoria for unknown reasons.

With courage and determination, Giovanni and Enzo confronted the thieves and managed to recover the stolen basil, thus saving the reputation of the trattoria and ensuring that their customers could continue to enjoy the delicious dishes they loved.

And so, as the sun set on the horizon and the city of Naples prepared for the night, Giovanni and Enzo returned triumphantly to the trattoria, aware that the true secret of their trattoria lay not only in the tasty dishes, but also in the strength of their friendship and determination to face any challenge that fate had in store for them.

Il Giardino

Nella tranquilla campagna toscana, tra colline ondulate e distese di ulivi, c'era un antico casale circondato da un giardino incantato. Questo giardino, con i suoi viali di cipressi e le aiuole di fiori colorati, era stato un tempo un luogo di bellezza e splendore, ma ora giaceva trascurato e dimenticato, avvolto dal mistero e dal silenzio.

Il casale apparteneva alla famiglia Del Vecchio da generazioni, ma da quando la nonna Maria era scomparsa molti anni prima, il giardino era stato abbandonato al suo destino. Le rose rampicanti si arrampicavano lungo le mura di pietra, i cespugli erano invasi dalle erbacce e le fontane erano secche e silenziose, testimoni muti di un tempo ormai passato.

Un giorno, una giovane donna di nome Elena, discendente della famiglia Del Vecchio, decise di tornare al casale dei suoi antenati per cercare risposte alle domande che le tormentavano l'anima. Aveva trascorso anni lontano dalla campagna toscana, inseguendo i suoi sogni in città, ma ora sentiva il richiamo del passato e il desiderio di riscoprire le sue radici.

Quando arrivò al casale, rimase sorpresa nel vedere il giardino così trascurato e malinconico. Ricordava il tempo trascorso a giocare tra i cespugli di rose e a fare picnic all'ombra degli alberi secolari, ma ora tutto sembrava avvolto da un velo di tristezza e desolazione.

Decisa a ridare vita al giardino e a scoprire i segreti che si nascondevano tra le sue fronde, Elena si immerse nel lavoro con determinazione e passione. Con l'aiuto di un anziano giardiniere di nome Mario, iniziò a ripulire le aiuole e a riparare le fontane, cercando di ridare al giardino il suo antico splendore.

Mentre lavorava tra i fiori e gli alberi, Elena sentiva il peso del passato sulle sue spalle, ma anche la speranza di un futuro luminoso e pieno di promesse. Ogni giorno portava con sé nuove scoperte e rivelazioni, mentre il giardino si trasformava sotto le sue cure amorevoli e attente.

Una calda mattina d'estate, mentre Elena curava le rose nel roseto, scoprì un antico libro nascosto tra i cespugli. Con il cuore che batteva forte, aprì il libro e iniziò a leggere le pagine ingiallite, scoprendo che si trattava del diario della nonna Maria, pieno di ricordi e riflessioni su una vita vissuta con passione e coraggio.

Attraverso le pagine del diario, Elena apprese la storia della sua famiglia e del casale che aveva chiamato casa per generazioni. Scoprì amori perduti e speranze infrante, ma anche momenti di gioia e felicità che avevano illuminato le vite dei suoi antenati.

Con ogni parola che leggeva, Elena sentiva di avvicinarsi sempre di più alla verità che si nascondeva dietro le mura del casale e del giardino. Scoprì segreti nascosti e rivelazioni sorprendenti, che avrebbero cambiato per sempre la sua percezione del passato e del futuro.

Infine, dopo settimane di lavoro instancabile e di scoperte emozionanti, Elena riuscì a ridare vita al giardino e a svelare i segreti che si nascondevano tra le sue fronde. Con il cuore pieno di gratitudine e speranza, guardò intorno a sé e vide il giardino splendere di nuova vita e bellezza, pronto a accogliere il futuro con braccia aperte.

E così, mentre il sole tramontava all'orizzonte e le stelle si accendevano nel cielo notturno, Elena si sedette tra i fiori e gli alberi del giardino, consapevole che la sua vita era stata trasformata da questa esperienza e che il giardino sarebbe rimasto per sempre il custode dei suoi ricordi più preziosi e delle sue speranze più profonde.

The Garden

In the tranquil Tuscan countryside, amidst rolling hills and stretches of olive groves, there stood an ancient farmhouse surrounded by an enchanted garden. This garden, with its avenues of cypress trees and beds of colorful flowers, had once been a place of beauty and splendor, but now lay neglected and forgotten, shrouded in mystery and silence.

The farmhouse had been in the Del Vecchio family for generations, but ever since grandmother Maria had disappeared many years ago, the garden had been left to its fate. The climbing roses crept along the stone walls, the bushes were overrun by weeds, and the fountains were dry and silent, mute witnesses to a time long gone.

One day, a young woman named Elena, a descendant of the Del Vecchio family, decided to return to her ancestors' farmhouse in search of answers to the questions that tormented her soul. She had spent years away from the Tuscan countryside, pursuing her dreams in the city, but now she felt the call of the past and the desire to rediscover her roots.

When she arrived at the farmhouse, she was surprised to see the garden so neglected and melancholy. She remembered the time spent playing among the rose bushes and picnicking in the shade of the ancient trees, but now everything seemed shrouded in a veil of sadness and desolation. Determined to breathe life back into the garden and uncover the secrets hidden among its foliage, Elena immersed herself in the work with determination and passion. With the help of an elderly gardener named Mario, she began to clean the flower beds and repair the fountains, striving to restore the garden to its former glory.

As she worked among the flowers and trees, Elena felt the weight of the past on her shoulders, but also the hope of a bright future full of promise. Every day brought new discoveries and revelations, as the garden transformed under her loving and careful care.

One warm summer morning, as Elena tended to the roses in the rose garden, she discovered an ancient book hidden among the bushes. With her heart pounding, she opened the book and began to read the yellowed pages, discovering that it was her grandmother Maria's diary, full of memories and reflections on a life lived with passion and courage.

Through the pages of the diary, Elena learned the story of her family and the farmhouse that had been home for generations. She discovered lost loves and shattered hopes, but also moments of joy and happiness that had illuminated the lives of her ancestors.

With every word she read, Elena felt herself getting closer to the truth hidden behind the walls of the farmhouse and the garden. She uncovered hidden secrets and surprising revelations that would forever change her perception of the past and the future.

Finally, after weeks of tireless work and exciting discoveries, Elena managed to bring the garden back to life and uncover the secrets hidden among its foliage. With a heart full of gratitude and hope, she looked around and saw the garden shining with new life and beauty, ready to embrace the future with open arms.

And so, as the sun set on the horizon and the stars lit up the night sky, Elena sat among the flowers and trees of the garden, aware that her life had been transformed by this experience and that the garden would forever remain the guardian of her most precious memories and deepest hopes.

La lezione di cucina toscana

La piccola città di Montepulciano, incastonata tra le dolci colline della Toscana, era rinomata per la sua cucina deliziosa e autentica. Ogni anno, turisti da tutto il mondo affluivano per assaporare i piatti tradizionali preparati con ingredienti freschi e genuini.

Nel cuore di Montepulciano, c'era una vecchia casa colonica trasformata in una scuola di cucina gestita dalla vivace Signora Rosa. Con il suo sorriso caloroso e il suo amore per la gastronomia toscana, la Signora Rosa aveva guadagnato una reputazione di maestra culinaria eccezionale.

Una mattina di primavera, un gruppo di studenti provenienti da diverse parti del mondo si radunò nella cucina della scuola di cucina toscana della Signora Rosa. C'era Emma, una giovane donna inglese appassionata di cucina italiana; Miguel, un avvocato spagnolo desideroso di imparare i segreti della cucina toscana; e Wei, un ingegnere cinese che aveva sempre sognato di assaggiare la famosa bistecca alla fiorentina.

La Signora Rosa li accoglieva con entusiasmo, indossando il suo grembiule colorato e il suo cappello da chef. Con calma e pazienza, iniziò a spiegare loro i principi fondamentali della cucina toscana, mentre i profumi invitanti di aglio, pomodoro e basilico riempivano l'aria.

Prima di iniziare la lezione pratica, la Signora Rosa li condusse nel suo giardino segreto, dove crescevano erbe aromatiche fresche e verdure appena raccolte. Mentre i ragazzi annusavano il profumo della lavanda e del rosmarino, la Signora Rosa raccontava loro storie sulla tradizione culinaria toscana, tramandata di generazione in generazione.

Tornati in cucina, i ragazzi indossarono i grembiuli e si misero al lavoro sotto la guida esperta della Signora Rosa. Emma impastava la pasta fresca con maestria, Miguel affettava pomodori maturi per preparare una salsa al pomodoro perfettamente equilibrata e Wei marinava la carne per la sua tanto attesa bistecca alla fiorentina.

Mentre cucinavano, ridevano e scherzavano, scoprendo nuove amicizie e condividendo storie sulle loro esperienze culinarie nel loro paese d'origine. La cucina della Signora Rosa era un luogo di condivisione e gioia, dove le barriere linguistiche e culturali svanivano davanti all'amore per il cibo e alla voglia di imparare.

Finalmente, dopo ore di preparazione e cottura, il momento tanto atteso arrivò: il pranzo era pronto. La tavola era apparecchiata con cura, con tovaglie di lino bianche e piatti di ceramica dipinti a mano. I ragazzi si sedettero intorno al tavolo, affamati e desiderosi di assaggiare i frutti del loro lavoro.

La Signora Rosa servì loro con orgoglio i piatti tradizionali toscani che avevano preparato insieme: antipasti di bruschette croccanti con pomodoro e basilico fresco, seguiti da una pasta fatta in casa condita con sugo di pomodoro appena preparato. E infine, la pièce de résistance: la bistecca alla fiorentina, cotta alla perfezione e servita con contorni di verdure grigliate.

Mentre assaporavano ogni boccone, i ragazzi sorridevano di soddisfazione, deliziati dai sapori autentici e dalla gioia di aver creato qualcosa di speciale insieme. La lezione di cucina toscana della Signora Rosa non era solo un corso di cucina, ma un'esperienza indimenticabile di scoperta, amicizia e condivisione.

E mentre il sole tramontava sulle colline toscane, i ragazzi sapevano che quel momento sarebbe rimasto per sempre nei loro cuori, un ricordo luminoso di una giornata trascorsa insieme, imparando e celebrando la bellezza della cucina e della vita.

The Tuscan Cooking Lesson

The small town of Montepulciano, nestled among the gentle hills of Tuscany, was renowned for its delicious and authentic cuisine. Every year, tourists from all over the world flocked to taste the traditional dishes prepared with fresh and genuine ingredients.

At the heart of Montepulciano, there was an old farmhouse transformed into a cooking school run by the lively Signora Rosa. With her warm smile and her love for Tuscan gastronomy, Signora Rosa had earned a reputation as an exceptional culinary teacher.

One spring morning, a group of students from different parts of the world gathered in the kitchen of Signora Rosa's Tuscan cooking school. There was Emma, a young English woman passionate about Italian cuisine; Miguel, a Spanish lawyer eager to learn the secrets of Tuscan cooking; and Wei, a Chinese engineer who had always dreamed of tasting the famous Florentine steak.

Signora Rosa welcomed them enthusiastically, wearing her colorful apron and chef's hat. With calmness and patience, she began to explain to them the fundamental principles of Tuscan cuisine, while the inviting scents of garlic, tomato, and basil filled the air.

Before starting the practical lesson, Signora Rosa led them to her secret garden, where fresh aromatic herbs and newly harvested vegetables grew. As the students sniffed the scent of lavender and rosemary, Signora Rosa told them stories about Tuscan culinary tradition, passed down from generation to generation.

Back in the kitchen, the students donned their aprons and got to work under Signora Rosa's expert guidance. Emma kneaded fresh pasta skillfully, Miguel sliced ripe tomatoes to prepare a perfectly balanced tomato sauce, and Wei marinated the meat for his long-awaited Florentine steak.

As they cooked, they laughed and joked, discovering new friendships and sharing stories about their culinary experiences in their home countries. Signora Rosa's kitchen was a place of sharing and joy, where linguistic and cultural barriers faded in front of the love for food and the desire to learn.

Finally, after hours of preparation and cooking, the long-awaited moment arrived: lunch was ready. The table was set with care, with white linen tablecloths and hand-painted ceramic plates. The students sat around the table, hungry and eager to taste the fruits of their labor.

With pride, Signora Rosa served them the traditional Tuscan dishes they had prepared together: appetizers of crispy bruschetta with fresh tomato and basil, followed by homemade pasta dressed with freshly prepared tomato sauce. And finally, the pièce de résistance: the Florentine steak, cooked to perfection and served with grilled vegetable sides.

As they savored each bite, the students smiled with satisfaction, delighted by the authentic flavors and the joy of having created something special together. Signora Rosa's Tuscan cooking lesson was not just a cooking course, but an unforgettable experience of discovery, friendship, and sharing.

And as the sun set over the Tuscan hills, the students knew that moment would remain forever in their hearts, a bright memory of a day spent together, learning and celebrating the beauty of food and life.

Una serata al teatro dell'opera

Nella vivace città di Milano, l'aria era carica di eccitazione in quella serata d'estate. Le luci si accendevano lungo le strade, mentre la gente si preparava per una delle serate più attese dell'anno: l'apertura della stagione dell'opera al celebre Teatro alla Scala.

Tra la folla si trovavano Sofia e Marco, una giovane coppia di amanti dell'opera che avevano atteso con impazienza questo evento per mesi. Entrambi erano studenti di musica, appassionati di canto e di teatro, e non vedevano l'ora di immergersi nell'atmosfera magica dell'opera.

Indossando i loro abiti migliori, Sofia e Marco si unirono alla folla elegante che si dirigeva verso il maestoso edificio del Teatro alla Scala. Appena varcarono le porte, furono avvolti dal lusso e dalla grandiosità del foyer, con i suoi sontuosi lampadari e le opere d'arte che adornavano le pareti.

Con i biglietti in mano, i due amanti si diressero verso i loro posti d'orchestra, ansiosi di assistere alla prima rappresentazione della stagione: "La Traviata" di Giuseppe Verdi. Mentre si sedevano, Sofia non poteva fare a meno di notare l'emozione negli occhi di Marco, che non vedeva l'ora di immergersi nell'incanto della musica e del dramma che stava per svolgersi sul palco.

L'orchestra intonò le prime note, e il sipario si alzò rivelando il magnifico scenario dell'opera. Sofia e Marco furono rapiti dalle voci potenti dei cantanti, che riempivano il teatro con la loro passione e il loro talento. Si lasciarono trasportare dalla storia travolgente di amore e tragedia, dimenticando il mondo esterno mentre erano immersi nell'arte e nella bellezza della performance.

Dopo l'atto primo, Sofia e Marco uscirono nel foyer per un breve intervallo. Si scambiarono sguardi entusiasti e commenti sull'interpretazione dei cantanti e sull'orchestra, condividendo la loro gioia per l'esperienza straordinaria che stavano vivendo insieme.

Rientrati al loro posto, si prepararono per il secondo atto, desiderosi di scoprire come si sarebbe svolta la storia. Mentre l'opera raggiungeva il suo climax emotivo, Sofia e Marco si stringevano le mani, completamente rapiti dall'intensità della performance.

Infine, il dramma giunse alla sua conclusione, e il pubblico scoppiò in un fragoroso applauso. Sofia e Marco si alzarono in piedi, unendosi all'ovazione generale per gli artisti che avevano reso possibile quella magica serata al teatro dell'opera.

Uscendo dal teatro, con il cuore gonfio di emozione, Sofia e Marco sapevano che quella serata sarebbe rimasta per sempre nei loro ricordi come un momento di pura bellezza e ispirazione. Con la musica ancora nelle orecchie e il calore delle emozioni nel cuore, si diressero verso casa, grati per aver vissuto un'esperienza così straordinaria insieme.

An Evening at the Opera House

In the lively city of Milan, the air was filled with excitement on that summer evening. Lights lit up the streets as people prepared for one of the most anticipated events of the year: the opening of the opera season at the renowned Teatro alla Scala.

Among the crowd were Sofia and Marco, a young couple of opera lovers who had eagerly awaited this event for months. Both were music students, passionate about singing and theater, and they couldn't wait to immerse themselves in the magical atmosphere of the opera.

Dressed in their finest attire, Sofia and Marco joined the elegant crowd heading towards the majestic building of Teatro alla Scala. As they stepped through the doors, they were enveloped by the luxury and grandeur of the foyer, with its sumptuous chandeliers and artworks adorning the walls.

With tickets in hand, the two lovers made their way to their orchestra seats, eager to witness the first performance of the season: Giuseppe Verdi's "La Traviata." As they sat down, Sofia couldn't help but notice the excitement in Marco's eyes, who was eager to immerse himself in the enchantment of the music and drama about to unfold on stage.

The orchestra struck up the first notes, and the curtain rose to reveal the magnificent set of the opera. Sofia and Marco were captivated by the powerful voices of the singers, filling the theater with their passion and talent. They were swept away by the gripping story of love and tragedy, forgetting the outside world as they were immersed in the art and beauty of the performance.

After the first act, Sofia and Marco stepped out into the foyer for a brief intermission. They exchanged excited glances and comments on the singers' performance and the orchestra, sharing their joy for the extraordinary experience they were having together.

Back at their seats, they prepared for the second act, eager to see how the story would unfold. As the opera reached its emotional climax, Sofia and Marco held hands, completely captivated by the intensity of the performance.

Finally, the drama came to its conclusion, and the audience erupted into thunderous applause. Sofia and Marco rose to their feet, joining in the general ovation for the artists who had made that magical evening at the opera house possible.

Leaving the theater, with hearts full of emotion, Sofia and Marco knew that evening would remain forever in their memories as a moment of pure beauty and inspiration. With the music still ringing in their ears and the warmth of emotions in their hearts, they made their way home, grateful for having experienced such an extraordinary moment together.

I gatti di Venezia

Nella città dei canali, tra i riflessi dorati dell'alba che danzano sull'acqua e le ombre misteriose dei vicoli antichi, vive una comunità unica e affascinante: i gatti di Venezia.

Questi felini eleganti e misteriosi vagano per le strette calle e le piazze silenziose, diventando parte integrante del tessuto stesso della città. Ogni gatto ha la propria personalità distintiva e il proprio territorio, ma tutti sono uniti da un legame indissolubile con la città che chiamano casa.

Tra i gatti di Venezia, c'è Matilde, una gatta grigia con gli occhi verdi brillanti, che si aggira tra i canali alla ricerca di avventure e delizie culinarie. Matilde ama esplorare i vicoli nascosti e i giardini segreti della città, dove può prendersi una pausa dal caos della vita urbana e godersi la tranquillità e la bellezza di Venezia.

Poi c'è Leonardo, un gatto rosso dal pelo folto e dagli occhi vivaci, che ha fatto del ponte di Rialto il suo regno personale. Leonardo ama osservare i turisti mentre passano, con la loro meraviglia e il loro stupore, e sa esattamente come attirare l'attenzione quando desidera essere coccolato e riverito.

E non possiamo dimenticare Giulietta, una gatta bianca e nera con un fiocco rosso attorno al collo, che si aggira per Piazza San Marco con grazia e dignità regali. Giulietta è un'icona della grazia felina, ammirata e rispettata da tutti i gatti e gli umani che incontrano il suo sguardo fiero e penetrante.

La vita dei gatti di Venezia è fatta di avventure quotidiane e incontri casuali, di scoperte sorprendenti e momenti di puro piacere. Si nutrono di pesce fresco pescato nelle acque della laguna e si godono il tepore del sole mentre si crogiolano sui gradini delle chiese secolari.

Ma non tutto è idilliaco nel mondo dei gatti di Venezia. Ci sono anche pericoli nascosti dietro ogni angolo, dalle strette vie trafficate alle acque insidiose della laguna. I gatti devono essere astuti e attenti per evitare i pericoli che li circondano, e devono fare affidamento l'uno sull'altro per proteggersi e sopravvivere nelle strette e intricate vie della città.

E così, tra le strade e i canali di Venezia, la vita dei gatti continua, un'infinita danza di avventure e scoperte, di amore e di lealtà, che continua a incantare e ispirare chiunque abbia il privilegio di farne parte.

The Cats of Venice

In the city of canals, amidst the golden reflections of dawn dancing on the water and the mysterious shadows of ancient alleyways, lives a unique and fascinating community: the cats of Venice.

These elegant and mysterious felines wander through the narrow streets and silent squares, becoming an integral part of the city's fabric itself. Each cat has its own distinctive personality and territory, but all are united by an indissoluble bond with the city they call home.

Among the cats of Venice, there is Matilda, a gray cat with bright green eyes, who roams the canals in search of adventures and culinary delights. Matilda loves to explore the hidden alleys and secret gardens of the city, where she can take a break from the chaos of urban life and enjoy the tranquility and beauty of Venice.

Then there's Leonardo, a ginger cat with thick fur and lively eyes, who has made the Rialto Bridge his personal kingdom. Leonardo loves to watch tourists as they pass by, with their wonder and amazement, and he knows exactly how to attract attention when he desires to be cuddled and revered.

And we cannot forget Juliet, a black and white cat with a red bow around her neck, who wanders around Piazza San Marco with grace and royal dignity. Juliet is an icon of feline grace, admired and respected by all the cats and humans who meet her proud and piercing gaze.

The lives of the cats of Venice are made up of daily adventures and chance encounters, of surprising discoveries and moments of pure pleasure. They feast on fresh fish caught in the waters of the lagoon and bask in the warmth of the sun as they lounge on the steps of ancient churches.

But not everything is idyllic in the world of the cats of Venice. There are also hidden dangers around every corner, from the narrow bustling streets to the treacherous waters of the lagoon. The cats must be cunning and vigilant to avoid the dangers that surround them, and they must rely on each other to protect themselves and survive in the narrow and intricate streets of the city.

And so, amidst the streets and canals of Venice, the lives of the cats continue, an endless dance of adventures and discoveries, of love and loyalty, that continues to enchant and inspire anyone who has the privilege of being part of it.

Amore a Verona

Nella città delle storie d'amore eternamente intrecciate, Verona, la passione danza tra le antiche strade di ciottoli e le piazze imponenti, creando un'atmosfera carica di romanticismo e magia. È qui che la nostra storia ha inizio, tra due anime destinate a incontrarsi nel cuore dell'Italia. Alba, una giovane donna dallo spirito libero e dalla risata contagiosa, lavora come guida turistica nella splendida città di Verona. Cresciuta circondata dalle leggende di Romeo e Giulietta, Alba crede nel potere dell'amore vero e nella possibilità di trovare la propria anima gemella in ogni angolo nascosto della città.

Un giorno, durante una delle sue visite guidate attraverso le strade di Verona, Alba incontra Matteo, un giovane scrittore con un sorriso affascinante e uno sguardo profondo. Attratto dalla bellezza e dalla passione di Alba per la città, Matteo decide di seguirla nel suo giro turistico, sperando di trovare ispirazione per il suo prossimo romanzo.

Mentre camminano tra i monumenti storici e i luoghi romantici di Verona, Alba e Matteo si avvicinano sempre di più, scoprendo di avere molto in comune non solo riguardo alla loro passione per la città, ma anche riguardo ai loro sogni e desideri più profondi.

Durante una pausa nel loro tour, Alba e Matteo si ritrovano seduti su una panchina nel cortile di casa di Giulietta, circondati dal profumo di gelsomino e dal suono del ruscello che scorre vicino. È qui che i due si scambiano i loro segreti più intimi e i loro sogni più nascosti, creando un legame che va oltre le parole e i gesti.

Con il passare dei giorni, Alba e Matteo continuano a esplorare Verona insieme, scoprendo nuovi luoghi e condividendo esperienze che li avvicinano sempre di più. Tra le mura antiche e le strade strettamente intrecciate, il loro amore cresce e si rafforza, diventando una forza irresistibile che li trascina verso il destino.

Ma Verona è anche una città di segreti e misteri, dove ogni vicolo nasconde una storia da raccontare e ogni piazza cela un'emozione nascosta. Mentre Alba e Matteo si avventurano sempre più nei cuori segreti della città, scoprono che il loro amore è messo alla prova da forze oscure e da segreti sepolti nel passato.

Con il coraggio e la determinazione di due amanti destinati a essere insieme, Alba e Matteo affrontano le sfide che la vita e la città di Verona pongono loro davanti, dimostrando che l'amore vero può superare ogni ostacolo e illuminare anche le notti più buie.

E così, tra le strade di Verona, il nostro racconto di amore e passione si dipana, guidato dalla forza eterna del cuore e dalla bellezza senza tempo della città che ha visto nascere le storie d'amore più grandi della storia.

Love in Verona

In the city of eternally intertwined love stories, Verona, passion dances among the ancient cobblestone streets and imposing squares, creating an atmosphere charged with romance and magic. It is here that our story begins, between two souls destined to meet in the heart of Italy.

Alba, a young woman with a free spirit and a contagious laugh, works as a tour guide in the splendid city of Verona. Raised surrounded by the legends of Romeo and Juliet, Alba believes in the power of true love and in the possibility of finding one's soulmate in every hidden corner of the city.

One day, during one of her guided tours through the streets of Verona, Alba meets Matteo, a young writer with a charming smile and a deep gaze. Attracted by Alba's beauty and passion for the city, Matteo decides to join her on her tour, hoping to find inspiration for his next novel.

As they walk among the historical monuments and romantic spots of Verona, Alba and Matteo grow closer, discovering that they have much in common not only regarding their passion for the city but also concerning their deepest dreams and desires.

During a break in their tour, Alba and Matteo find themselves sitting on a bench in Juliet's courtyard, surrounded by the scent of jasmine and the sound of the nearby stream. It is here that the two exchange their most intimate secrets and their hidden dreams, creating a bond that goes beyond words and gestures.

As the days go by, Alba and Matteo continue to explore Verona together, discovering new places and sharing experiences that bring them closer and closer. Among the ancient walls and tightly woven streets, their love grows and strengthens, becoming an irresistible force that pulls them towards destiny.

But Verona is also a city of secrets and mysteries, where every alley hides a story to be told, and every square conceals a hidden emotion. As Alba and Matteo venture further into the city's secret hearts, they discover that their love is tested by dark forces and secrets buried in the past.

With the courage and determination of two lovers destined to be together, Alba and Matteo face the challenges that life and the city of Verona place before them, proving that true love can overcome every obstacle and illuminate even the darkest nights.

And so, among the streets of Verona, our tale of love and passion unfolds, guided by the eternal strength of the heart and the timeless beauty of the city that has witnessed the greatest love stories in history.

Il vecchio e il gabbiano

Sul lungomare di una piccola città costiera italiana, viveva un vecchio pescatore di nome Giovanni. Ogni mattina, prima dell'alba, Giovanni si svegliava dal suo sonno profondo e si dirigeva verso il mare, portando con sé la sua piccola barca e le sue reti.

Giovanni amava il mare più di ogni altra cosa al mondo. Per lui, il mare era un vecchio amico, un compagno silenzioso che conosceva i suoi segreti più intimi e le sue speranze più profonde. Passava le sue giornate in mare, navigando tra le onde blu e cercando il suo sostentamento tra i pesci che danzavano sotto la superficie.

Ma non era solo il mare che amava Giovanni. C'era anche un gabbiano, un magnifico gabbiano bianco che volteggiava sopra le onde e scrutava il mare con occhi acuti. Giovanni lo chiamava Silvio, e per lui, il gabbiano era più di un semplice uccello. Era un compagno di viaggio, un custode del mare che lo proteggeva dalle tempeste e gli indicava i migliori luoghi di pesca.

Ogni mattina, quando Giovanni usciva in mare, Silvio lo seguiva, volando sopra la barca e chiacchierando con lui in un linguaggio che solo loro due potevano capire. Insieme, esploravano le baie nascoste e i rifugi segreti che solo i pescatori più esperti conoscevano, cercando il pescato più abbondante e le avventure più memorabili.

Ma un giorno, durante una tempesta improvvisa, Silvio non riuscì a proteggere Giovanni dalle forze del mare. Mentre le onde si infrangevano contro la sua barca, Giovanni lottava per mantenere il controllo, aggrappandosi con tutte le sue forze alla speranza di sopravvivenza. Eppure, nonostante i suoi sforzi disperati, alla fine fu sopraffatto dalla potenza del mare e finì per essere gettato in acqua.

Mentre lottava per la sua vita, Giovanni sentì qualcosa che lo afferrava per il braccio e lo tirava fuori dall'acqua. Era Silvio, il suo fedele amico, che era volato fino a lui per salvarlo dal pericolo imminente. Con le ali forti e il cuore coraggioso, Silvio lo portò in salvo sulla riva, dove lo lasciò riposare e riprendersi dalle sue ferite.

Da quel giorno in poi, Giovanni e Silvio furono inseparabili. Ogni mattina, quando Giovanni usciva in mare, Silvio lo seguiva, volando sopra di lui e proteggendolo con le sue ali forti. Insieme, continuavano a navigare tra le onde blu e a condividere le loro avventure sul mare, rafforzando il loro legame di amicizia e rispetto reciproco.

Con il passare del tempo, la storia di Giovanni e Silvio divenne leggendaria nella piccola città costiera, ispirando pescatori e abitanti del luogo con la forza del loro legame e la bellezza della loro amicizia. E mentre il sole tramontava sul mare, Giovanni e Silvio guardavano insieme l'orizzonte, sapendo che non importava cosa riservasse il futuro, avrebbero affrontato ogni sfida insieme, come vecchi amici e compagni di viaggio sul mare infinito.

The Old Man and the Seagull

Along the promenade of a small Italian coastal town lived an old fisherman named Giovanni. Every morning, before dawn, Giovanni would wake from his deep sleep and make his way to the sea, bringing with him his small boat and his nets.

Giovanni loved the sea more than anything else in the world. To him, the sea was an old friend, a silent companion who knew his innermost secrets and deepest hopes. He spent his days at sea, sailing through the blue waves and seeking his livelihood among the fish that danced beneath the surface.

But it wasn't just the sea that Giovanni loved. There was also a seagull, a magnificent white seagull that soared above the waves and scanned the sea with sharp eyes. Giovanni called him Silvio, and to him, the seagull was more than just a bird. He was a fellow traveler, a guardian of the sea who protected him from storms and pointed out the best fishing spots.

Every morning, when Giovanni set out to sea, Silvio would follow him, flying above the boat and chatting with him in a language only they could understand. Together, they explored hidden bays and secret havens known only to the most experienced fishermen, seeking the richest catch and the most memorable adventures.

But one day, during a sudden storm, Silvio was unable to protect Giovanni from the forces of the sea. As the waves crashed against his boat, Giovanni struggled to maintain control, clinging with all his might to the hope of survival. Yet, despite his desperate efforts, he was ultimately overcome by the power of the sea and ended up being thrown into the water.

As he fought for his life, Giovanni felt something grab him by the arm and pull him out of the water. It was Silvio, his faithful friend, who had flown to him to save him from imminent danger. With strong wings and a courageous heart, Silvio brought him safely ashore, where he let him rest and recover from his injuries.

From that day on, Giovanni and Silvio were inseparable. Every morning, when Giovanni set out to sea, Silvio would follow him, flying above him and protecting him with his strong wings. Together, they continued to sail through the blue waves and share their adventures at sea, strengthening their bond of friendship and mutual respect.

Over time, the story of Giovanni and Silvio became legendary in the small coastal town, inspiring fishermen and locals with the strength of their bond and the beauty of their friendship. And as the sun set over the sea, Giovanni and Silvio would watch the horizon together, knowing that no matter what the future held, they would face every challenge together, as old friends and companions on the endless sea.

Caffè in Montagna

Nel cuore delle maestose montagne dell'Italia settentrionale, dove le cime innevate si ergono fieramente verso il cielo e i prati verdi ondeggiano al vento, c'è un piccolo villaggio circondato dalla bellezza selvaggia della natura. È qui che si svolge la nostra storia, un racconto di amicizia, scoperta e amore per il caffè.

Il villaggio di Montalbano era un luogo tranquillo e accogliente, dove le famiglie si conoscevano da generazioni e la vita seguiva il ritmo lento delle stagioni. Tra le stradine lastricate e le case dai tetti di paglia, c'era un'atmosfera di calma e serenità che avvolgeva ogni angolo del villaggio.

In questo idilliaco angolo di montagna viveva Giulia, una giovane donna con una passione per il caffè e un talento per la torrefazione delle sue stesse miscele. Cresciuta tra gli aromi della tostatura e il suono rassicurante del macinacaffè, Giulia aveva ereditato dall'anziano nonno l'arte di creare caffè che toccava le corde dell'anima e del cuore.

Ogni mattina, Giulia apriva le porte del suo piccolo caffè, accogliendo i suoi concittadini con un sorriso luminoso e una tazza fumante di caffè appena preparato. Il suo caffè era rinomato in tutto il villaggio per il suo gusto ricco e avvolgente, che sembrava catturare l'essenza stessa delle montagne circostanti.

Ma un giorno, durante una passeggiata nei boschi vicini al villaggio, Giulia scoprì qualcosa di straordinario: un campo di caffè selvatico nascosto tra gli alberi. Con stupore e meraviglia, Giulia si avvicinò al campo, ammirando le piante rigogliose cariche di chicchi maturi.

Decisa a sfruttare questa scoperta unica, Giulia raccolse con cura i chicchi di caffè selvatico e li portò al suo caffè, dove iniziò il processo di tostatura e macinatura. Il risultato fu un caffè dalla fragranza e dal sapore unici, che portava con sé il profumo della montagna e il calore del sole.

Con orgoglio e gioia, Giulia servì il suo nuovo caffè ai suoi clienti, che ne rimasero incantati dal suo sapore avvolgente e dalla sua storia avvincente.

Il caffè selvatico di Montalbano divenne presto famoso in tutto il paese, attirando turisti e amanti del caffè da ogni angolo del mondo.

Ma non fu solo il caffè che portò cambiamenti a Montalbano. Con l'arrivo dei turisti, il villaggio cominciò a risvegliarsi dal suo sonno secolare, con nuove attività e opportunità che si affacciavano all'orizzonte. Le strade si animarono di vita, con mercati colorati e festival che celebravano la cultura e la bellezza delle montagne.

E mentre Montalbano si trasformava sotto i riflettori del mondo esterno, Giulia rimase fedele alla sua missione di diffondere la gioia del caffè e l'amore per la sua comunità. Con il suo caffè straordinario e il suo spirito generoso, Giulia continuò a essere il cuore pulsante del villaggio, unendo le persone con la magia e il calore della sua bevanda preferita.

E così, tra le montagne imponenti e i prati verdi, la nostra storia si conclude con una tazza fumante di caffè selvatico, sollevata in un brindisi alla vita, all'amicizia e alla bellezza della natura che ci circonda.

Coffee in the Mountains

In the heart of the majestic mountains of northern Italy, where snow-capped peaks rise proudly towards the sky and green meadows sway in the wind, there is a small village surrounded by the wild beauty of nature. This is where our story takes place, a tale of friendship, discovery, and love for coffee.

The village of Montalbano was a quiet and welcoming place, where families had known each other for generations and life followed the slow rhythm of the seasons. Among the cobblestone streets and straw-roofed houses, there was an atmosphere of calm and serenity that enveloped every corner of the village.

In this idyllic mountain corner lived Giulia, a young woman with a passion for coffee and a talent for roasting her own blends. Raised amidst the aromas of roasting and the reassuring sound of the coffee grinder, Giulia had inherited from her elderly grandfather the art of creating coffee that touched the soul and the heart.

Every morning, Giulia opened the doors of her small café, welcoming her fellow villagers with a bright smile and a steaming cup of freshly brewed coffee. Her coffee was renowned throughout the village for its rich and enveloping taste, which seemed to capture the very essence of the surrounding mountains.

But one day, during a walk in the woods near the village, Giulia discovered something extraordinary: a field of wild coffee hidden among the trees. With astonishment and wonder, Giulia approached the field, admiring the lush plants laden with ripe beans.

Determined to make use of this unique discovery, Giulia carefully harvested the wild coffee beans and brought them to her café, where she began the process of roasting and grinding. The result was a coffee with a unique fragrance and flavor, carrying with it the scent of the mountain and the warmth of the sun.

With pride and joy, Giulia served her new coffee to her customers, who were enchanted by its enveloping flavor and its compelling story. Montalbano's wild coffee soon became famous throughout the country, attracting tourists and coffee lovers from every corner of the world.

But it wasn't just the coffee that brought changes to Montalbano. With the arrival of tourists, the village began to awaken from its centuries-old slumber, with new activities and opportunities on the horizon. The streets came alive with life, with colorful markets and festivals celebrating the culture and beauty of the mountains.

And as Montalbano transformed under the spotlight of the outside world, Giulia remained faithful to her mission of spreading the joy of coffee and love for her community. With her extraordinary coffee and her generous spirit, Giulia continued to be the beating heart of the village, bringing people together with the magic and warmth of her favorite beverage.

And so, among the imposing mountains and green meadows, our story concludes with a steaming cup of wild coffee, raised in a toast to life, friendship, and the beauty of the nature that surrounds us.

La nuova ricetta

Nel cuore di una vivace cittadina italiana, circondata da campi di grano dorato e vigneti rigogliosi, c'era un piccolo ristorante gestito da una donna affascinante di nome Sofia. Il ristorante, chiamato "La Cucina di Sofia", era rinomato in tutta la regione per le sue deliziose pietanze tradizionali e l'atmosfera accogliente che vi regnava.

Sofia amava la cucina più di ogni altra cosa al mondo. Cresciuta tra i profumi avvolgenti della cucina di sua nonna, aveva imparato l'arte della cucina fin da giovane e aveva coltivato la passione per la creazione di piatti che scaldavano il cuore e deliziavano il palato.

Una mattina, mentre stava preparando il pranzo per i suoi clienti abituali, Sofia trovò un vecchio libro di ricette nascosto in un angolo polveroso della cucina. Curiosa, lo aprì e iniziò a sfogliare le pagine ingiallite, scoprendo una ricetta misteriosa e intrigante che non aveva mai provato prima: lasagne al pesto di basilico e pomodori secchi.

Intrigata dalla combinazione insolita di ingredienti, Sofia decise di provare a preparare la nuova ricetta per il pranzo del giorno seguente. Con cura e attenzione, raccolse gli ingredienti necessari e si mise al lavoro nella cucina del ristorante, mescolando, tagliando e preparando con abilità e maestria.

Mentre le lasagne cuocevano lentamente nel forno, il profumo avvolgente del pesto di basilico e dei pomodori secchi riempiva la cucina, attirando l'attenzione dei clienti curiosi che si affacciavano per vedere cosa stesse succedendo.

Finalmente, le lasagne furono pronte e Sofia le servì ai suoi clienti con un sorriso radioso, invitandoli a assaggiare la sua nuova creazione. I clienti, incuriositi dalla combinazione insolita di sapori, presero un morso con cautela, ma presto i loro volti si illuminarono di gioia mentre gustavano la delizia che avevano davanti.

Le lasagne al pesto di basilico e pomodori secchi di Sofia diventarono subito un successo, tanto che i clienti tornavano al ristorante giorno dopo giorno chiedendo di assaggiare nuovamente quella meravigliosa creazione. E mentre la notizia delle nuove lasagne si diffuse oltre i confini della cittadina, il ristorante di Sofia divenne rapidamente un punto di riferimento per gli amanti della buona cucina in tutta la regione.

Ma non fu solo il successo delle lasagne che cambiò la vita di Sofia. La nuova ricetta le aprì le porte a nuove opportunità e avventure culinarie, portandola a sperimentare con ingredienti e sapori sempre più audaci e innovativi. E mentre continuava a cucinare con passione e creatività, Sofia sapeva che il vero segreto del successo era l'amore e la dedizione che metteva in ogni piatto che serviva ai suoi clienti affezionati.

The New Recipe

In the heart of a lively Italian town, surrounded by fields of golden wheat and lush vineyards, there was a small restaurant run by a charming woman named Sofia. The restaurant, called "Sofia's Kitchen," was renowned throughout the region for its delicious traditional dishes and the welcoming atmosphere that prevailed there.

Sofia loved cooking more than anything else in the world. Raised amidst the enveloping aromas of her grandmother's kitchen, she had learned the art of cooking from a young age and had cultivated a passion for creating dishes that warmed the heart and delighted the palate.

One morning, while preparing lunch for her regular customers, Sofia found an old recipe book hidden in a dusty corner of the kitchen. Curious, she opened it and began to flip through the yellowed pages, discovering a mysterious and intriguing recipe that she had never tried before: lasagna with basil pesto and sun-dried tomatoes.

Intrigued by the unusual combination of ingredients, Sofia decided to try preparing the new recipe for lunch the next day. With care and attention, she gathered the necessary ingredients and set to work in the restaurant kitchen, mixing, cutting, and preparing with skill and mastery.

As the lasagna slowly cooked in the oven, the enveloping scent of basil pesto and sun-dried tomatoes filled the kitchen, attracting the attention of curious customers who peered in to see what was happening.

Finally, the lasagna was ready, and Sofia served it to her customers with a radiant smile, inviting them to taste her new creation. The customers, intrigued by the unusual combination of flavors, took a cautious bite, but soon their faces lit up with joy as they savored the delight before them.

Sofia's lasagna with basil pesto and sun-dried tomatoes immediately became a success, so much so that customers returned to the restaurant day after day asking to taste that wonderful creation again. And as news of the new lasagna spread beyond the town's borders, Sofia's restaurant quickly became a landmark for food lovers throughout the region.

But it wasn't just the success of the lasagna that changed Sofia's life. The new recipe opened doors to her new culinary opportunities and adventures, leading her to experiment with increasingly bold and innovative ingredients and flavors. And as she continued to cook with passion and creativity, Sofia knew that the true secret of success was the love and dedication she put into every dish she served to her loyal customers.

L'ombrello giallo

Nella pittoresca città costiera di Portofino, dove le case dai colori vivaci si arrampicano sulle colline e i piccoli barchini danzano sulle acque blu scintillanti, c'era una piccola bottega di antiquariato chiamata "La Bottega dei Ricordi". Era gestita da un uomo gentile di nome Carlo, che aveva passato tutta la sua vita a collezionare oggetti preziosi e memorie preziose.

Carlo amava vagare per le strade acciottolate di Portofino, scrutando tra gli oggetti d'epoca e le antiche reliquie che adornavano le vetrine delle botteghe. Era affascinato dalla storia di ogni oggetto, dalle sue origini misteriose e dal suo viaggio attraverso il tempo.

Un giorno, durante una delle sue passeggiate mattutine lungo il lungomare, Carlo notò qualcosa di straordinario in una delle vetrine di una bottega: un vecchio ombrello giallo, logoro e sbiadito dal sole e dal tempo, ma ancora elegantemente decorato con motivi floreali.

Intrigato dalla sua bellezza e dal suo fascino unico, Carlo entrò nella bottega e chiese al proprietario della storia dell'ombrello giallo. Il proprietario, un anziano signore con gli occhi lucidi dietro gli occhiali spessi, sorrise e raccontò a Carlo la storia dell'ombrello.

L'ombrello giallo, spiegò il proprietario, era appartenuto a una giovane donna di nome Elena, che anni prima aveva vissuto a Portofino con il suo amato marito. Elena era una donna allegra e solare, amante della vita e della bellezza che la circondava. Era solita passeggiare lungo il lungomare con il suo ombrello giallo, illuminando la città con il suo sorriso luminoso e la sua gioia contagiosa.

Ma un giorno, il destino aveva preso una svolta tragica nella vita di Elena. Il suo amato marito era scomparso in mare durante una tempesta improvvisa, lasciandola sola e disperata nel suo dolore.

Carlo ascoltò la storia con emozione, sentendosi profondamente colpito dalla tristezza e dalla bellezza dell'ombrello giallo. Decise allora di acquistarlo dalla bottega e di portarlo nella sua "Bottega dei Ricordi", dove lo sistemò con cura tra gli altri oggetti preziosi e memorie del passato.

Da quel giorno in poi, l'ombrello giallo divenne un simbolo di speranza e di bellezza nella vita di Carlo. Lo utilizzava per proteggersi dalla pioggia durante le sue passeggiate lungo il lungomare, ma lo teneva anche esposto nella sua bottega, come un omaggio alla memoria di Elena e al potere della speranza.

E così, mentre le onde s'infrangevano contro le rocce e il sole tramontava all'orizzonte, l'ombrello giallo di Elena continuava a diffondere la sua luce e il suo calore nella pittoresca città costiera di Portofino, ricordando a tutti coloro che lo vedevano che anche nelle giornate più buie c'è sempre un raggio di speranza che brilla nel cielo.

The Yellow Umbrella

In the picturesque coastal town of Portofino, where brightly colored houses climb the hillsides and small boats dance on the sparkling blue waters, there was a small antique shop called "The Shop of Memories". It was run by a kind man named Carlo, who had spent his entire life collecting precious objects and cherished memories.

Carlo loved to wander the cobblestone streets of Portofino, searching among the vintage items and ancient relics that adorned the shop windows. He was fascinated by the history of each object, its mysterious origins, and its journey through time.

One day, during one of his morning walks along the waterfront, Carlo noticed something extraordinary in one of the shop windows: an old yellow umbrella, worn and faded by the sun and time, but still elegantly adorned with floral patterns.

Intrigued by its beauty and unique charm, Carlo entered the shop and asked the owner about the story of the yellow umbrella. The owner, an elderly gentleman with teary eyes behind thick glasses, smiled and told Carlo the story of the umbrella.

The yellow umbrella, explained the owner, had belonged to a young woman named Elena, who had lived in Portofino years before with her beloved husband. Elena was a cheerful and sunny woman, a lover of life and the beauty that surrounded her. She used to stroll along the waterfront with her yellow umbrella, lighting up the town with her bright smile and contagious joy.

But one day, fate took a tragic turn in Elena's life. Her beloved husband had disappeared at sea during a sudden storm, leaving her alone and desperate in her grief.

Carlo listened to the story with emotion, deeply touched by the sadness and beauty of the yellow umbrella. He decided then to purchase it from the shop and bring it to his "Shop of Memories," where he carefully placed it among the other precious objects and memories of the past.

From that day on, the yellow umbrella became a symbol of hope and beauty in Carlo's life. He used it to shield himself from the rain during his walks along the waterfront, but he also displayed it in his shop, as a tribute to Elena's memory and the power of hope.

And so, as the waves crashed against the rocks and the sun set on the horizon, Elena's yellow umbrella continued to spread its light and warmth in the picturesque coastal town of Portofino, reminding everyone who saw it that even on the darkest days, there is always a ray of hope shining in the sky.

Undici zie a tavola

Nella tranquilla cittadina di Montefiore, circondata da colline verdi e campi di grano dorato, c'era una grande casa color pastello dove viveva una famiglia molto speciale. I protagonisti di questa storia erano undici zie, ciascuna con la propria personalità vibrante e il proprio talento culinario unico.

La casa delle zie era sempre piena di vita e di allegria, con il profumo invitante di cibi deliziosi che si diffondeva dalle finestre e il suono di voci allegre che risuonava per le stanze. Le undici zie trascorrevano le giornate insieme, cucinando, ridendo e condividendo storie e segreti.

Ma c'era una tradizione speciale che le undici zie amavano sopra ogni altra cosa: la cena settimanale della famiglia, dove si riunivano tutte intorno a un'enorme tavola per condividere un pasto abbondante e delizioso.

Una sera d'estate, mentre il sole si tuffava dietro le colline e il cielo si tingeva di rosso e arancione, le undici zie si riunirono nella grande sala da pranzo per la loro cena settimanale. La tavola era splendidamente apparecchiata con tovaglie di lino bianco e piatti di ceramica colorata, e al centro brillava una grande candelabro di cristallo che illuminava la stanza con una luce calda e accogliente.

Le undici zie presero posto intorno alla tavola, scambiandosi sorrisi e scherzi mentre si preparavano a gustare il pasto che avevano preparato con tanto amore e dedizione. C'era la zia Maria con la sua famosa lasagna al forno, la zia Lucia con la sua insalata di pomodori appena raccolti dall'orto e la zia Giulia con il suo delizioso tiramisù.

Mentre le undici zie gustavano il cibo e si scambiavano racconti divertenti e aneddoti familiari, un ospite inaspettato fece la sua comparsa alla porta. Era un vecchio amico di famiglia, il signor Giovanni, che era stato invitato a cena per l'occasione.

Il signor Giovanni era un uomo affascinante e affabile, con un sorriso contagioso e un'anima gentile. Era benvenuto nella casa delle zie come un membro della famiglia, e presto si trovò circondato dall'affetto e dall'allegria delle undici zie.

Mentre la serata proseguiva e la cena si trasformava in una festa di risate e conversazioni, il signor Giovanni si alzò in piedi e propose un brindisi alle undici zie. Con un sorriso commosso, ringraziò le zie per la loro generosità e il loro amore, e augurò loro tanta felicità e prosperità per il futuro.

Le undici zie lo ringraziarono con affetto, sollevando i loro bicchieri in un gesto di gratitudine e ammirazione. Era un momento di gioia e di condivisione, un momento in cui l'amore e l'amicizia trionfavano su tutto il resto.

E così, tra le risate e gli abbracci, la serata della famiglia si concluse con il cuore pieno di gratitudine e felicità. Le undici zie si ritirarono a letto quella notte con il sorriso sulle labbra e il calore nel cuore, sapendo che non importa quanti siano i posti a tavola, c'è sempre spazio per un altro amico da accogliere e per un altro brindisi da condividere.

Eleven Aunts at the Table

In the quiet town of Montefiore, surrounded by green hills and fields of golden wheat, there was a large pastel-colored house where a very special family lived. The protagonists of this story were eleven aunts, each with their own vibrant personality and unique culinary talent.

The aunts' house was always full of life and joy, with the inviting scent of delicious food wafting from the windows and the sound of cheerful voices echoing through the rooms. The eleven aunts spent their days together, cooking, laughing, and sharing stories and secrets.

But there was a special tradition that the eleven aunts loved above all else: the weekly family dinner, where they all gathered around a huge table to share a plentiful and delicious meal.

One summer evening, as the sun dipped behind the hills and the sky was tinged with red and orange, the eleven aunts gathered in the large dining room for their weekly dinner. The table was beautifully set with white linen tablecloths and colorful ceramic plates, and in the center shone a large crystal chandelier that illuminated the room with a warm and welcoming light.

The eleven aunts took their seats around the table, exchanging smiles and jokes as they prepared to enjoy the meal they had prepared with love and dedication. There was Aunt Maria with her famous baked lasagna, Aunt Lucia with her salad of tomatoes freshly picked from the garden, and Aunt Giulia with her delicious tiramisu.

As the eleven aunts savored the food and exchanged funny stories and family anecdotes, an unexpected guest appeared at the door. He was an old family friend, Mr. Giovanni, who had been invited to dinner for the occasion.

Mr. Giovanni was a charming and affable man, with a contagious smile and a kind soul. He was welcomed into the aunts' house as a family member, and soon found himself surrounded by the affection and joy of the eleven aunts.

As the evening continued and dinner turned into a feast of laughter and conversation, Mr. Giovanni stood up and proposed a toast to the eleven aunts. With a touched smile, he thanked the aunts for their generosity and love, and wished them much happiness and prosperity for the future. The eleven aunts thanked him affectionately, raising their glasses in a gesture of gratitude and admiration. It was a moment of joy and sharing, a moment when love and friendship triumphed over everything else.

And so, amidst laughter and hugs, the family evening ended with hearts full of gratitude and happiness. The eleven aunts went to bed that night with a smile on their lips and warmth in their hearts, knowing that no matter how many seats there are at the table, there is always room for another friend to welcome and another toast to share.

I girasoli

Nella campagna toscana, tra colline ondulate e campi di grano dorato, c'era un piccolo villaggio dove la vita scorreva lenta e tranquilla, come il fiume che lo attraversava dolcemente. In questo villaggio viveva una giovane donna di nome Elena, il cui cuore era pieno di speranza e gioia, come i petali dorati dei girasoli che adornavano i campi circostanti.

Elena amava i girasoli più di ogni altra cosa al mondo. Li ammirava mentre si stagliavano contro il cielo azzurro, segnando il passare delle stagioni con la loro bellezza luminosa e maestosa. Ogni mattina, al sorgere del sole, Elena si alzava presto e si dirigeva verso i campi di girasoli, perdendosi tra le file ordinate di fiori dorati, immersa nella loro tranquillità rassicurante.

Ma non era solo la bellezza dei girasoli che affascinava Elena. C'era qualcosa di magico in quei fiori che sembrava parlare direttamente al suo cuore, riempiendola di una sensazione di pace e felicità che non riusciva a trovare altrove. Forse era il loro sguardo rivolto verso il sole, come se stessero cercando la luce del giorno con tutta la loro forza e determinazione. O forse era il loro sorriso radioso, che sembrava promettere un futuro luminoso e pieno di speranza.

Un giorno, mentre passeggiava tra i campi di girasoli, Elena fece una scoperta straordinaria: nel mezzo di un campo, circondato da fiori dorati che danzavano al vento, c'era un vecchio pianoforte abbandonato. Il pianoforte era stato lasciato lì da chissà quanto tempo, coperto di polvere e foglie secche, ma ancora in grado di emanare una melodia dolce e malinconica quando Elena aprì il coperchio e iniziò a suonare le note familiari.

Elena si sedette al pianoforte e cominciò a suonare, le dita scivolando con grazia sulle tastiere logore. La musica che ne scaturiva sembrava risuonare in armonia con il canto dei girasoli, creando una sinfonia di suoni e colori che riempiva l'aria circostante di magia e meraviglia.

Mentre suonava, Elena si sentì trasportata in un mondo di pura bellezza e serenità, dove ogni nota vibrava con l'energia vitale dei girasoli e ogni accordo risuonava con l'amore e la speranza che aveva nel suo cuore. Era come se il pianoforte e i girasoli si unissero in un'armonia perfetta, creando una sinfonia di luce e suono che avvolgeva Elena in un abbraccio caloroso e rassicurante.

Da quel giorno in poi, Elena tornò spesso al campo di girasoli con il suo pianoforte, trascorrendo ore a suonare sotto il sole dorato e il cielo azzurro. Ogni volta che suonava, sentiva che i girasoli le rispondevano con il loro sorriso luminoso, come se apprezzassero la sua musica tanto quanto lei apprezzava la loro bellezza.

Sunflowers

In the Tuscan countryside, among rolling hills and fields of golden wheat, there was a small village where life flowed slowly and peacefully, like the river gently flowing through it. In this village lived a young woman named Elena, whose heart was filled with hope and joy, like the golden petals of the sunflowers that adorned the surrounding fields.

Elena loved sunflowers more than anything else in the world. She admired them as they stood against the blue sky, marking the passing of seasons with their luminous and majestic beauty. Every morning, at sunrise, Elena would rise early and make her way to the sunflower fields, losing herself among the orderly rows of golden flowers, immersed in their reassuring tranquility.

But it wasn't just the beauty of the sunflowers that fascinated Elena. There was something magical about those flowers that seemed to speak directly to her heart, filling her with a sense of peace and happiness that she couldn't find elsewhere. Perhaps it was their gaze turned towards the sun, as if they were seeking the light of day with all their strength and determination. Or perhaps it was their radiant smile, which seemed to promise a bright and hopeful future.

One day, while walking through the sunflower fields, Elena made an extraordinary discovery: in the middle of a field, surrounded by golden flowers dancing in the wind, there was an old abandoned piano. The piano had been left there for who knows how long, covered in dust and dry leaves, but still capable of emanating a sweet and melancholic melody when Elena opened the lid and began to play the familiar notes.

Elena sat down at the piano and began to play, her fingers gliding gracefully over the worn keys. The music that emanated from it seemed to resonate in harmony with the song of the sunflowers, creating a symphony of sounds and colors that filled the surrounding air with magic and wonder.

As she played, Elena felt transported to a world of pure beauty and serenity, where every note vibrated with the life energy of the sunflowers and every chord resonated with the love and hope she held in her heart. It was as if the piano and the sunflowers came together in perfect harmony, creating a symphony of light and sound that enveloped Elena in a warm and reassuring embrace.

From that day on, Elena often returned to the sunflower field with her piano, spending hours playing under the golden sun and the blue sky. Every time she played, she felt that the sunflowers responded to her with their radiant smile, as if they appreciated her music as much as she appreciated their beauty.

Il Limoneto

Nel cuore della campagna siciliana, dove il sole splendeva luminoso e il profumo di agrumi riempiva l'aria, c'era un piccolo villaggio circondato da rigogliosi giardini di limoni. In questo villaggio viveva una giovane donna di nome Sofia, la cui vita era intrecciata con quella di un maestoso albero di limoni che cresceva nel cortile della sua casa.

Sofia amava profondamente quell'albero di limoni. Lo considerava più di una semplice pianta, era il custode dei suoi ricordi più cari e il compagno dei suoi giorni più felici. Sin da quando era bambina, passava ore a giocare sotto la sua ombra fresca e rinfrescante, mentre il dolce profumo dei fiori di limone permeava l'aria intorno a lei.

Ma c'era qualcosa di straordinario in quell'albero di limoni che aveva catturato il cuore di Sofia. Era un albero magico, capace di portare gioia e guarigione a chiunque avesse il privilegio di avvicinarsi ad esso. Le sue fronde frondose sembravano danzare al ritmo della brezza, mentre i suoi frutti dorati brillavano al sole, promettendo un'abbondanza di gioia e prosperità.

Un giorno, mentre Sofia passeggiava tra i giardini di limoni, vide un giovane ragazzo che si avvicinava all'albero con un'espressione di tristezza sul volto. Era Pietro, il figlio del contadino del villaggio, e sembrava essere preoccupato per qualcosa di grave.

Con gentilezza e compassione, Sofia si avvicinò a Pietro e gli chiese cosa fosse successo. Pietro le raccontò che il raccolto di limoni di suo padre era stato rovinato da una malattia misteriosa, e che ora la loro famiglia rischiava di perdere tutto quello che avevano.

Sofia si sentì toccata dal dolore di Pietro e decise di fare tutto il possibile per aiutare lui e suo padre a superare questa difficile prova. Si avvicinò all'albero di limoni e gli sussurrò dolcemente le sue preoccupazioni, chiedendogli di donare la sua forza e la sua guarigione alla famiglia di Pietro.

Quella notte, mentre il villaggio dormiva sonni agitati, un miracolo avvenne nel cortile di Sofia. L'albero di limoni emanava una luce dorata, mentre il suono di dolci melodie riempiva l'aria intorno a lui. Era come se l'albero stesse rispondendo alle preghiere di Sofia, donando la sua energia curativa alla terra e alle piante intorno a lui.

Il mattino seguente, quando il sole sorse sul villaggio, tutto sembrava diverso. I limoni erano più luminosi e più succosi che mai, e i giardini intorno a loro erano rigogliosi e verdi. La malattia che aveva colpito il raccolto di limoni di Pietro sembrava essere scomparsa nel nulla, sostituita da una promessa di abbondanza e prosperità.

Pietro e suo padre non potevano credere ai loro occhi mentre guardavano il miracolo che si era compiuto davanti a loro. Si avvicinarono a Sofia con gratitudine e stupore, ringraziandola per il suo aiuto e la sua gentilezza. Ma Sofia sapeva che il vero merito andava all'albero di limoni, il cui amore e generosità avevano reso possibile tutto ciò.

Da quel giorno in poi, l'albero di limoni divenne il cuore pulsante del villaggio, un simbolo di speranza e rinascita per tutti coloro che lo abitavano. Le persone venivano da lontano per ammirare la sua bellezza e chiedere il suo aiuto in tempi di bisogno, sapendo che l'albero avrebbe sempre risposto alle loro preghiere con amore e compassione.

E così, mentre il tempo passava e le stagioni cambiavano, la storia dell'albero di limoni e della sua magia senza tempo continuava a ispirare e incantare tutti coloro che avevano il privilegio di conoscerla, dimostrando che anche nelle situazioni più buie, c'è sempre una luce che brilla, pronta a guidarci verso la speranza e la guarigione.

The Lemon Tree

In the heart of the Sicilian countryside, where the sun shone brightly and the scent of citrus filled the air, there was a small village surrounded by lush lemon gardens. In this village lived a young woman named Sofia, whose life was intertwined with that of a majestic lemon tree growing in the courtyard of her house.

Sofia deeply loved that lemon tree. She considered it more than just a plant; it was the keeper of her dearest memories and the companion of her happiest days. Since she was a child, she spent hours playing under its cool and refreshing shade, while the sweet scent of lemon flowers permeated the air around her.

But there was something extraordinary about that lemon tree that had captured Sofia's heart. It was a magical tree, capable of bringing joy and healing to anyone who had the privilege of approaching it. Its lush branches seemed to dance to the rhythm of the breeze, while its golden fruits shone in the sun, promising an abundance of joy and prosperity.

One day, as Sofia walked through the lemon gardens, she saw a young boy approaching the tree with a look of sadness on his face. It was Pietro, the son of the village farmer, and he seemed to be worried about something serious.

With kindness and compassion, Sofia approached Pietro and asked him what had happened. Pietro told her that his father's lemon harvest had been ruined by a mysterious disease, and that now their family risked losing everything they had.

Sofia was touched by Pietro's sorrow and decided to do everything she could to help him and his father overcome this difficult trial.

She approached the lemon tree and gently whispered her concerns to it, asking it to donate its strength and healing to Pietro's family. That night, as the village slept fitfully, a miracle happened in Sofia's courtyard. The lemon tree emitted a golden light, while the sound of sweet melodies filled the air around it. It was as if the tree was responding to Sofia's prayers, giving its healing energy to the land and plants around it.

The next morning, as the sun rose over the village, everything seemed different. The lemons were brighter and juicier than ever, and the gardens around them were lush and green. The disease that had struck Pietro's lemon crop seemed to have disappeared into thin air, replaced by a promise of abundance and prosperity.

Pietro and his father couldn't believe their eyes as they watched the miracle unfold before them. They approached Sofia with gratitude and amazement, thanking her for her help and kindness. But Sofia knew that the real credit belonged to the lemon tree, whose love and generosity had made everything possible.

From that day on, the lemon tree became the beating heart of the village, a symbol of hope and rebirth for all who lived there. People came from far and wide to admire its beauty and seek its help in times of need, knowing that the tree would always answer their prayers with love and compassion.

And so, as time passed and the seasons changed, the story of the lemon tree and its timeless magic continued to inspire and enchant all who had the privilege of knowing it, proving that even in the darkest of times, there is always a light that shines, ready to guide us towards hope and healing.

Giorni di pioggia e pane caldo

Nel pittoresco villaggio di San Giorgio, situato tra le verdi colline della Toscana, c'era un piccolo panificio gestito da una donna gentile di nome Caterina. Caterina amava il suo lavoro più di ogni altra cosa al mondo. Ogni mattina si svegliava all'alba per impastare il pane fresco e preparare dolci deliziosi per i suoi clienti affezionati.

Ma c'era una cosa che Caterina amava ancora di più dei suoi dolci e del suo pane: i giorni di pioggia. Mentre la maggior parte delle persone lamentava il maltempo e cercava riparo al caldo delle loro case, Caterina si rallegrava all'idea di trascorrere la giornata nel suo accogliente panificio, circondata dal profumo rassicurante del pane appena sfornato e dalla melodia tranquilla della pioggia che cadeva fuori.

Un giorno, mentre Caterina stava preparando la sua sfogliatella di mele preferita, un giovane uomo di nome Luca entrò nel panificio, tremante dal freddo e bagnato fino alle ossa dalla pioggia battente. Caterina si affrettò a offrirgli una tazza di tè caldo e una fetta di pane fresco appena sfornato, mentre Luca si sedeva vicino al fuoco crepitante del forno a legna, cercando di scaldarsi.

Luca raccontò a Caterina di essere appena tornato da un lungo viaggio in bicicletta attraverso la campagna toscana e di aver perso la strada durante un temporale improvviso. Caterina lo ascoltò con attenzione, offrendogli conforto e calore mentre raccontava la sua avventura sotto la pioggia.

Poco dopo, un gruppo di anziani del villaggio entrò nel panificio, scambiando scherzi e risate mentre si rifugiavano dalla pioggia. Caterina li accolse con un sorriso caloroso e li invitò a prendere posto vicino al fuoco, offrendo loro tazze di tè caldo e fette di pane appena sfornato.

Mentre la pioggia continuava a cadere fuori, il panificio si riempì di calore e allegria, con il profumo del pane appena sfornato che si mescolava all'aroma del tè caldo e al suono delle risate e delle conversazioni che riempivano l'aria. Era come se il panificio fosse diventato un rifugio accogliente per tutti coloro che cercavano riparo dalla tempesta.

Quando finalmente la pioggia si calmò e il cielo si schiarì, Caterina si affacciò alla porta del suo panificio e vide un meraviglioso arcobaleno che si dipingeva nel cielo. Era come se la natura stessa stesse celebrando la bellezza e il calore di quei giorni di pioggia, donando al villaggio un momento di pace e serenità dopo la tempesta.

Caterina sorrise mentre guardava l'arcobaleno danzare nel cielo, sapendo che anche nelle giornate più buie c'era sempre qualcosa di bello da trovare.

Rainy Days and Warm Bread

In the picturesque village of San Giorgio, nestled among the green hills of Tuscany, there was a small bakery run by a kind-hearted woman named Caterina. Caterina loved her work more than anything else in the world. Every morning, she would wake up at dawn to knead fresh bread and prepare delicious pastries for her loyal customers.

But there was one thing Caterina loved even more than her sweets and bread: rainy days. While most people lamented the bad weather and sought refuge in the warmth of their homes, Caterina rejoiced at the thought of spending the day in her cozy bakery, surrounded by the comforting scent of freshly baked bread and the tranquil melody of rain falling outside.

One day, as Caterina was preparing her favorite apple turnover, a young man named Luca walked into the bakery, trembling from the cold and soaked to the bone from the pouring rain. Caterina hurriedly offered him a cup of hot tea and a slice of freshly baked bread, while Luca sat near the crackling fire of the wood-burning oven, trying to warm up.

Luca told Caterina that he had just returned from a long bike ride through the Tuscan countryside and had lost his way during a sudden storm. Caterina listened attentively, offering him comfort and warmth as he recounted his adventure in the rain.

Shortly after, a group of elderly villagers entered the bakery, exchanging jokes and laughter as they sought refuge from the rain. Caterina welcomed them with a warm smile and invited them to sit by the fire, offering them cups of hot tea and slices of freshly baked bread.

As the rain continued to fall outside, the bakery filled with warmth and joy, with the scent of freshly baked bread mingling with the aroma of hot tea and the sound of laughter and conversation filling the air. It was as if the bakery had become a cozy refuge for all those seeking shelter from the storm.

When the rain finally subsided and the sky cleared, Caterina stepped outside her bakery door and saw a beautiful rainbow painting itself across the sky. It was as if nature itself was celebrating the beauty and warmth of those rainy days, granting the village a moment of peace and serenity after the storm.

Caterina smiled as she watched the rainbow dance in the sky, knowing that even on the darkest days, there was always something beautiful to be found.

Blocco dello scrittore

Nel cuore di Firenze, tra le strette strade lastricate e gli antichi palazzi che si ergono verso il cielo, c'era un piccolo studio d'arte nascosto tra le pieghe del tempo. Qui viveva un giovane scrittore di nome Matteo, circondato da libri antichi e pennelli sporchi di vernice, immerso nel mondo della sua immaginazione creativa.

Matteo amava scrivere più di ogni altra cosa al mondo. Le parole fluivano dalla sua mente come un fiume in piena, trasformando le pagine bianche in mondi fantastici e personaggi indimenticabili. Ma di recente, qualcosa era cambiato. Un'ombra oscura si era posata sulla sua mente, bloccando il flusso delle sue idee e rendendo impossibile per lui scrivere una sola parola.

Era il temuto blocco dello scrittore, un nemico implacabile che aveva preso di mira Matteo e la sua creatività. Ogni giorno, si sedeva alla sua scrivania, fissando lo schermo vuoto del suo computer con un senso crescente di frustrazione e disperazione. Non importava quanto duramente provasse, le parole sembravano sfuggirgli, come farfalle che si dileguano nell'aria.

Un giorno, mentre passeggiava per le strade di Firenze in cerca di ispirazione, Matteo si imbatté in una vecchia libreria nascosta tra le viuzze tortuose del quartiere artistico. Mentre esplorava le polverose scaffalature piene di libri, una strana sensazione lo colse improvvisamente. Era come se qualcosa stesse aspettando di essere scoperto, una storia che voleva essere raccontata.

Con un brivido di eccitazione, Matteo prese un libro dall'alto scaffale e ne sfogliò le pagine ingiallite. Era un antico volume di racconti fiorentini, pieno di storie di amore, avventura e mistero. Mentre leggeva le parole scritte con cura sulla pagina, Matteo sentiva la sua mente risvegliarsi, come se un antico incantesimo fosse stato spezzato.

Rientrato nel suo studio, Matteo si mise subito al lavoro, lasciando che le parole fluissero dalla sua mente sulla pagina bianca. Era come se il vecchio libro avesse risvegliato la sua creatività, liberandolo dalle catene del blocco dello scrittore e permettendogli di tornare a fare ciò che amava di più al mondo.

Ogni giorno, Matteo si sedeva alla sua scrivania e continuava a scrivere, lasciando che le storie fluissero da lui come un fiume in piena. Le parole che una volta sembravano così distanti e irraggiungibili ora scivolavano facilmente dalla sua penna, trasformando la pagina bianca in un mondo di meraviglia e avventura.

E così, mentre il tempo passava e le stagioni cambiavano, Matteo continuò a scrivere, dando vita alle sue idee più selvagge e fantastiche. E sebbene il blocco dello scrittore potesse tornare a tormentarlo in futuro, sapeva che aveva trovato un modo per superarlo, un modo per liberare la sua creatività e lasciarla fluire libera come il vento.

Writer's Block

In the heart of Florence, amidst the narrow cobblestone streets and ancient buildings reaching towards the sky, there was a small art studio hidden within the folds of time. Here lived a young writer named Matteo, surrounded by ancient books and paintbrushes stained with paint, immersed in the world of his creative imagination.

Matteo loved writing more than anything else in the world. Words flowed from his mind like a raging river, turning blank pages into fantastical worlds and unforgettable characters. But recently, something had changed. A dark shadow had settled over his mind, blocking the flow of his ideas and making it impossible for him to write a single word.

It was the dreaded writer's block, a relentless enemy that had targeted Matteo and his creativity. Every day, he would sit at his desk, staring at the blank screen of his computer with a growing sense of frustration and despair. No matter how hard he tried, the words seemed to elude him, like butterflies vanishing into thin air.

One day, while wandering the streets of Florence in search of inspiration, Matteo stumbled upon an old bookstore hidden among the winding alleys of the artistic quarter. As he explored the dusty shelves filled with books, a strange sensation suddenly overcame him. It was as if something was waiting to be discovered, a story that wanted to be told.

With a thrill of excitement, Matteo picked up a book from the top shelf and flipped through its yellowed pages. It was an ancient volume of Florentine tales, full of stories of love, adventure, and mystery. As he read the carefully written words on the page, Matteo felt his mind awakening, as if an ancient spell had been broken.

Returning to his studio, Matteo immediately got to work, letting the words flow from his mind onto the blank page. It was as if the old book had reignited his creativity, freeing him from the chains of writer's block and allowing him to return to what he loved most in the world.

Every day, Matteo would sit at his desk and continue writing, letting the stories flow from him like a raging river. The words that once seemed so distant and unreachable now flowed easily from his pen, turning the blank page into a world of wonder and adventure.

And so, as time passed and the seasons changed, Matteo continued to write, bringing his wildest and most fantastic ideas to life. And although writer's block might torment him again in the future, he knew he had found a way to overcome it, a way to unleash his creativity and let it flow freely like the wind.